# PEARL HARBOR

Un ataque que convierte
a la guerra en mundial

Por Victoria Domingos Valentim
En colaboración con Mathieu Roger
Traducido por Marina Martín Serra

Historia en50MINUTOS.es

# EL ATAQUE A PEARL HARBOR

## DATOS CLAVE

- **¿Cuándo?** El 7 de diciembre de 1941
- **¿Dónde?** En Pearl Harbor (isla de Oahu que forma parte del archipiélago de Hawái, situada en el océano Pacífico)
- **¿Contexto?** La Segunda Guerra Mundial (1939-1945)
- **¿Beligerantes?** Los Estados Unidos contra el imperio de Japón
- **¿Actores principales?**
  - Walter Campbell Short, general estadounidense (1880-1949)
  - Husband Edward Kimmel, almirante estadounidense (1882-1968)
  - Isoroku Yamamoto, almirante japonés (1884-1943)
  - Mitsuo Fuchida, comandante japonés (1902-1976)
- **¿Resultado?** Victoria japonesa
- **¿Víctimas?**
  - Bando estadounidense: alrededor de 2403 muertos y/o desaparecidos y 1178 heridos
  - Bando japonés: alrededor de 64 muertos y un prisionero

## INTRODUCCIÓN

El ataque sorpresa que Japón realizó en Pearl Harbor el 7 de diciembre de 1941 es uno de los acontecimientos más conocidos de la Segunda Guerra Mundial. Dirigida por el almirante Isoroku Yamamoto, la ofensiva contra la base aeronaval estadounidense, situada en el archipiélago de

Hawái, provoca la entrada en guerra de los Estados Unidos en el bando de los Aliados. Los japoneses, con su ataque contra la flota americana, pretenden neutralizar la gran potencia para establecer la Esfera de Coprosperidad de la Gran Asia Oriental y así echar a los occidentales del Pacífico. Así pues, este ataque se enmarca plenamente en la política de expansión imperial de Japón.

La incursión se lleva a cabo en dos oleadas aéreas sucesivas y, en el espacio de dos horas, provoca grandes pérdidas humanas y materiales. En el bando americano, el número de muertes se eleva a 2403 y el número de heridos asciende a 1178. Asimismo, los daños materiales son muy importantes: cuatro acorazados terminan hundidos y cuatro otros se ven afectados; 13 navíos también resultan hundidos o dañados, 188 aviones destruidos y 155 muy afectados por el ataque. En el bando japonés, las pérdidas son más limitadas; mueren 64 hombres, un marino es capturado y 29 aviones, junto con cinco submarinos, son destruidos. Sin embargo, aunque el ataque a Pearl Harbor —que sigue siendo hoy un acontecimiento controvertido— parece que, a primera vista, es un éxito rotundo para los japoneses, en realidad se trata de un fracaso, ya que estos dejaron los talleres de reparación y las reservas de combustible intactos, lo que permitió a los Estados Unidos recuperarse.

# CONTEXTO POLÍTICO Y SOCIAL

## LOS INICIOS DE LA SEGUNDA GUERRA MUNDIAL

La Segunda Guerra Mundial es uno de los conflictos más conocidos de la historia, así como uno de los más mortíferos. En ella, se oponen dos bandos: los Aliados y el Eje.

### ¿SABÍAS QUE...?

El Eje o el Eje Roma-Berlín-Tokio es una alianza creada en septiembre de 1940 como consecuencia de la firma del pacto tripartito entre Alemania, Italia y Japón. Este acuerdo pretendía crear una nueva orden en Europa mediante la intervención de Alemania y de Italia, y en Extremo Oriente gracias a la de Japón. No obstante, las fuerzas del Eje nunca se reunieron para llevar a cabo operaciones comunes.

Los Aliados forman el conjunto de naciones que se oponían a las fuerzas del Eje durante la Segunda Guerra Mundial. Entre ellas, encontramos a Polonia, Reino Unido, Francia, Bélgica, Luxemburgo, los Estados Unidos, la República de China, etc.

Al acabarse la Primera Guerra Mundial (1914-1918), los países vencedores firman el Tratado de Versalles (1919) cuyo objetivo es restablecer la paz y definir las sanciones necesarias contra Alemania, que se considera que es la culpable del conflicto. Entonces, se lleva a cabo una reestructuración del territorio alemán y se reparten más del 10% de sus tierras. Asimismo, se adoptan medidas para debilitar a su ejército, confiscándole un gran número de aviones, cañones, etc., y eliminando el servicio militar obligatorio. La economía del país se ve también muy afectada, ya que Alemania se ve obligada a pagar una parte de las reparaciones de los destrozos en Francia y Bélgica.

Fotografía tomada durante la firma del Tratado de Versalles.

Estas sanciones rápidamente generan descontento en los jefes de Estado enfrentados a los Aliados en el conflicto. Alemania, decidida a reaccionar, adopta medidas proteccionistas y emprende una política expansionista basada en el principio del espacio vital, conquistando tierras que considera necesarias para la supervivencia del pueblo alemán. Su vecina Polonia es la primera en sufrir las consecuencias de esta política: Alemania la invade el 1 de septiembre de 1939. Este evento se encuentra en el origen de la Segunda Guerra Mundial, que transcurrirá en tres teatros de operaciones:

- el escenario europeo (Polonia, Reino Unido, Finlandia, Dinamarca, Noruega, Francia, Bélgica, los Países Bajos, Luxemburgo, Grecia, Italia, Alemania y la URSS);
- el escenario africano y Oriente Medio (el norte de África, Irak, Siria, Líbano e Irán);
- el escenario asiático (China, Japón, el sudeste asiático, Indochina, las islas del Pacífico, así como islas cercanas a Japón como Iwo Jima y Okinawa).

## EL EXPANSIONISMO JAPONÉS

Desde el siglo XIX, durante la era Meiji (1867-1912, del nombre del emperador japonés Meiji Tenno), el imperio de Japón emprende una fase de expansión territorial, económica, política y militar en Asia oriental. En este contexto, se anexiona la isla Formosa (Taiwán, 1895), el sur de la isla de Sajalín (isla montañosa de Rusia, 1905) y Corea (1910).

Durante la Primera Guerra Mundial, Japón se apodera de los territorios alemanes situados en Extremo Oriente, en detrimento de los europeos y de los americanos, también presentes en esa zona. Sin embargo, a partir de los años veinte, el crecimiento económico nipón disminuye su ritmo por la falta de materias primeras y de salidas comerciales. Diez años después, la crisis económica conduce a los nacionalistas y a los militares japoneses al poder. No obstante, el Imperio del sol naciente continúa con sus conquistas: en 1931, el ejército imperial invade Manchuria y, en 1937, China desde Shanghái, impulsado por el deseo de establecer una esfera de coprosperidad en el sudeste asiático para lograr la autosuficiencia de los países asiáticos y alejarlos de cualquier tipo de intervención occidental.

Los Estados Unidos intervienen ante esta expansión territorial que amenaza sus intereses y firman el tratado naval de Washington (1922), con el que se pretende reducir el armamento marítimo de los países que lo firman: Reino Unido, Francia, Italia, los Estados Unidos y Japón. Algunos años después, el pacto se modifica con el Tratado Naval de Londres (1930) que limita todavía más el desarrollo de los buques de guerra. Sin embargo, Tokio considera que estas nuevas restricciones son excesivas y no las cumple.

A pesar de la tensión evidente entre los Estados Unidos y Japón entre 1935 y 1937 —fecha en la que los japoneses hunden el barco de guerra americano USS Panay, que en ese momento se encontraba en la República de China— los americanos no reaccionan y eligen no intervenir en lo que se convertirá en las primicias de un nuevo conflicto mundial. Entonces, se promulgan leyes sobre la neutralidad para no posicionarse en los conflictos extranjeros, tras la lección obtenida con las grandes pérdidas que sufrieron durante la Primera Guerra Mundial. No obstante, en 1937, el presidente de los Estados Unidos Franklin Delano Roosevelt (1882-

1945) se rebela contra los sistemas dictatoriales y condena la dictadura japonesa, en su *Discurso de la cuarentena*.

La situación entre las dos naciones empeora cada vez más, y el 26 de julio de 1941 marca el apogeo de la falta de entendimiento entre las dos potencias. Algunos días antes tiene lugar una conferencia imperial japonesa que reúne al emperador, a los miembros del gobierno y a los jefes militares para establecer la coprosperidad de la Gran Asia Oriental. Cabe destacar que en ella se decide que si los Estados Unidos no reconocen y respetan este espacio los japoneses no dudarán en recurrir a la fuerza. Por otra parte, todos los barcos comerciales todavía presentes en el Atlántico reciben la orden de volver a Japón. A partir de ese mismo momento, los Estados Unidos, los Países Bajos y Reino Unido decretan un embargo completo del petróleo y el acero, así como la congelación de los activos japoneses en territorio americano. Como respuesta, el 6 de septiembre de 1941 Japón decide declarar la guerra a los Estados Unidos y Reino Unido. En noviembre, las negociaciones entre los dos Estados fracasan: mientras que los japoneses exigen que los americanos dejen de apoyar a China, el secretario de Estado americano, Cordel Hul (1871-1955) reclama la retirada de las tropas japonesas del país. La situación rápidamente se vuelve crítica y los japoneses deciden pasar a la acción.

El 3 de noviembre, el almirante Nagano Osami (1880-1947) detalla el plan de ataque contra Pearl Harbor preparado por Isoroku Yamamoto, un plan que algunos días después aprueba el emperador Hirohito (1901-1989). Tras negociaciones en vano, el Cuartel General Imperial japonés pone en marcha el plan de ataque de la flota americana y ordena al almirante Isoroku Yamamoto que comience la misión contra Pearl Harbor.

## LOS ESTADOS UNIDOS Y LA SEGUNDA GUERRA MUNDIAL

Durante la Segunda Guerra Mundial, los americanos ayudan de forma activa a Gran Bretaña así como a la Unión Soviética, a China y a la Francia libre. En un primer momento, su implicación en el conflicto es limitada. Proveen principalmente material de guerra (aviones, tanques, armas, etc.), alimentos y ayuda financiera: entre 1941 y 1945, prestan más de 50 mil millones de dólares a las fuerzas aliadas, conforme con el programa Lend-Lease («préstamo y arriendo»), aprobado el 11 de marzo de 1941.

Los Estados Unidos se esperan que Alemania reaccione contra ellos por el hecho de haber prestado ayuda a los Aliados; sin embargo, el 7 de diciembre de 1941 son atacados por Japón, a miles de kilómetros del teatro de operaciones. A partir de ese día, se oficializa la entrada en guerra de los Estados Unidos en el bando aliado.

# ACTORES PRINCIPALES

## HUSBAND EDWARD KIMMEL, ALMIRANTE ESTADOUNIDENSE

Nacido en 1882, Husband Edward Kimmel es comandante en jefe de la flota americana del Pacífico durante el ataque a Pearl Harbor en 1941. Después de la ofensiva, se le acusa de negligencia y se considera que es responsable de la pérdida de la base naval. Lo que se le recrimina es que no se tomara en serio las informaciones y las advertencias que llegaron antes del ataque. Después de éste, lo bajan al grado de contraalmirante (es decir, general de brigada) mientras que planifica la ejecución de represalias contra Japón. Al enfrentarse a demasiadas acusaciones, decide jubilarse antes de tiempo en 1942, y luego no dejará de luchar a favor de su defensa. En 1955, publica un libro llamado *Admiral Kimmel's Story*, en el que describe el ataque de Pearl Harbor y rechaza las críticas que recibió. Muere el 14 de mayo de 1968 en Connecticut.

# WALTER CAMPBELL SHORT, GENERAL ESTADOUNIDENSE

Retrato del general Walter C. Short.

Nacido en 1880, Walter Campbell Short entra en el ejército americano en marzo de 1902. Asciende rápida y exitosamente hasta que, en 1941, es nombrado teniente general del ejército americano y comandante responsable de la defensa de la base de Pearl Harbor. Durante su misión, convencido de que el peligro más inmediato al que se expone la flota americana es un sabotaje, decide reunir a todos los aviones y colocarlos en lugares donde sea fácil vigilarlos. Desafortunadamente, esta decisión tendrá graves consecuencias ya que facilitará la destrucción de los aviones americanos por parte de los japoneses. Por otro lado, Walter Campbell Short subestima la eficacia de los radares y solamente prevé un equipo de vigilancia entre las 4 y las 7 de la mañana.

Debido a todos estos errores, Walter Campbell Short resulta un culpable evidente para el ejército americano tras el ataque. En 1942, es destituido de su puesto de comandante y lo bajan al grado de mayor general, un hecho que precipitará su salida del ejército, el 28 de febrero de 1942. Muere el 9 de marzo de 1949 con 68 años. Algunos años más tarde, el Senado americano decide rehabilitarlo y lo nombra almirante de nuevo.

# ISOROKU YAMAMOTO, ALMIRANTE JAPONÉS

Fotografía del almirante Yamamoto tomada en 1940.

Isoroku Yamamoto nace en 1884. Es una de las figuras japonesas más emblemáticas de la Segunda Guerra Mundial. A mediados de agosto de 1939, es ascendido a comandante en jefe de las fuerzas navales japonesas. Contrariamente a lo que normalmente se dice, al parecer Isoroku Yamamoto habría estado a favor de esta guerra. Por consiguiente, cuando el emperador Hirohito le ordena que ataque a los americanos, convierte al ataque de Pearl Harbor en su principal objetivo. Tras la ofensiva, participa en la batalla de Midway (5-7 de junio de 1942), en la que es derrotado. Muere en 1943 durante una misión de reconocimiento a bordo de un avión.



En la batalla de Midway (isla situada a 2000 kilómetros de las islas de Hawái) se enfrentan Japón y los Estados Unidos. Los servicios de inteligencia de los Estados Unidos logran descifrar mensajes enemigos amenazadores y alertan al almirante Chester William Nimitz (1885-1966), que ordena mandar tres portaaviones a la isla el 27 y el 30 de mayo. Tras una respuesta débil, 50 bombarderos logran hundir a los cuatro portaaviones japoneses, lo que les confiere la victoria a los americanos.

# MITSUO FUCHIDA, COMANDANTE JAPONÉS

Nacido en 1902, Mitsuo Fuchida entra en la Academia Naval en 1921. Lo ascienden rápidamente al grado de teniente-comandante y es aceptado en el Estado Mayor. En 1939, se convierte en comandante de vuelo a bordo del portaaviones Akagi utilizado durante el ataque de Pearl Harbor y coordina los preparativos de la ofensiva. El 7 de diciembre de 1941, toma el mando de la primera oleada de aviones.

El 19 de febrero de 1942, dirige el bombardeo de Darwin (norte de Australia). Después de la guerra, se convierte en ministro religioso y se convierte al cristianismo tras haberse encontrado con varios testimonios de prisioneros de guerra que evocaban Dios y la fe. Muere en 1976.

## ¿SABÍAS QUE...?

El bombardeo de Darwin transcurre en febrero de 1942. Este ataque aéreo, que a menudo se compara con el de Pearl Harbor por las similitudes que ambos albergan, es el primer ataque dirigido contra Australia, que no había padecido daños muy importantes durante la Segunda Guerra Mundial. Las dos oleadas de ataques fueron un éxito para los japoneses en el plano material pero también en el psicológico, ya que los habitantes quedaron muy afectados.

# ANÁLISIS DEL ATAQUE

La base naval de Pearl Harbor, construida entre 1906 y 1908, se encuentra en el archipiélago de Hawái, que a su vez se sitúa en el camino que lleva a las Filipinas bajo protectorado americano y en el camino hacia las Indias neerlandesas, Malasia y Oceanía. Así pues, esta base ocupa una posición estratégica y alberga entre seis y ocho acorazados, tres portaaviones, además de cruceros, destructores, submarinos, buques minadores y embarcaciones auxiliares.

Vista aérea de la base de Pearl Harbor poco antes del ataque japonés.

Asimismo, para mantener la flota, posee depósitos de combustible, diques secos y talleres de reparación. En total, hay más de 25 000 hombres en la base. Para prevenir cualquier ataque, también dispone de muchos aviones. Gracias a todos estos medios, Pearl Harbor parece imposible de tomar o, por lo menos, esto es lo que dice el general Walter Campbell Short, comandante de las fuerzas terrestres de la isla, pocas horas antes del inicio del ataque: «En Hawái vivimos dentro de una ciudadela o de una isla altamente fortificada»[1] (Kaspi 1997, 425).

## LOS PREPARATIVOS

La preparación del ataque de Pearl Harbor corre a cargo del almirante Isoroku Yamamoto y se lleva a cabo a principios de 1941. Para establecer el plan de ataque, el almirante se inspira en gran parte en la incursión del almirante Heihachirō Tōgō (1848-1934) en 1904 contra la flota rusa de Port Arthur

---

1. Cita traducida por 50Minutos.es

(antiguo nombre de la ciudad china de Lushun, en el noreste de China).



Los rusos obtienen la concesión de Port Arthur en 1897 por un período de 25 años. Sin embargo, Japón, que se opone al control de Manchuria (territorio que hoy corresponde al noreste de la China), planea recuperar esta parte del territorio, por lo que estalla una guerra ruso-japonesa. El 7 de agosto de 1904, los japoneses lanzan el ataque de Port Arthur enviando varias oleadas de misiones suicidas (kamikazes).

A finales del mes de agosto, Isoroku Yamamoto le expone su plan de ataque a varios oficiales generales, entre los que se encuentra el almirante Osami Nagano.

El ataque se prepara durante mucho tiempo con la ayuda de una maqueta.

A continuación, se estudia el proyecto en la Escuela de Guerra Naval y se presentan varias objeciones que, principalmente, hacen referencia a las condiciones meteorológicas poco favorables: el ataque está previsto para el mes de diciembre, pero se anuncian fuertes tormentas para esa época del año. Además, algunos especialistas avanzan la idea de que sería más prudente lanzar la ofensiva en algún punto más cercano a las costas japonesas. No obstante, a pesar de las advertencias, Isoroku Yamamoto está convencido de que hay que eliminar la flota americana de Pearl Harbor por dos motivos:

- en primer lugar, porque es el punto en el que se encuentra la mayor parte de la flota de guerra americana del Pacífico Sur;
- en segundo lugar, porque considera que es el mayor obstáculo para los japoneses en su objetivo expansionista.

Finalmente, el almirante Chuichi Nagumo (1887-1944) aprueba oficialmente su plan de ataque el 3 de noviembre de 1941. El 7 de noviembre, este almirante es nombrado comandante de la flota de ataque de Pearl Harbor y, el 2 de diciembre, el Consejo Imperial decide declarar la guerra a los Estados Unidos.

## LOS OBJETIVOS Y LA ESTRATEGIA DEL ATAQUE

El plan de Isoroku Yamamoto tiene un objetivo defensivo y ofensivo a la vez. El primero es asegurar un reavituallamiento de combustible necesario para llevar a cabo la guerra contra China, algo que la presencia de los Estados Unidos no permite tal y como está la situación en ese momento. El segundo es debilitar a los Estados Unidos y obligarles a aceptar las conquistas de Japón y el establecimiento de la Esfera de Coprosperidad en Asia Oriental.



Isoroku Yamamoto, con tal de ejecutar su plan con éxito, planea atacar la base naval americana por sorpresa. Para lograrlo, decide que la ofensiva se lleve a cabo en domingo, un día en el que no está presente la totalidad de las tripulaciones y en el que la flota se encuentra en Pearl Harbor, algo que ocurre durante el fin de semana. Además, el ataque está previsto para la mañana para evitar los inconvenientes que plantean los bombardeos y la navegación durante la noche.

El 6 de diciembre de 1941, el Ministerio de Asuntos Exteriores japonés le encarga al embajador Kichisaburō Nomura (1877-1964) que haga llegar un mensaje en clave al secretario de Estado americano, que debería llegar a Washington el 7 de diciembre a las 13:00 h (a las 7:30 h hora de Hawái). Este mensaje contiene una declaración de guerra, pero las autoridades americanas no consiguen descifrarlo todo. Sin embargo, el general George Catlett Marshall (1880-1959), preocupado por el contenido del misterioso mensaje, decide alertar a las bases estadounidenses situadas en las Filipinas, Panamá, San Diego y Pearl Harbor. Sin embargo, a causa de problemas técnicos, el aviso llega demasiado tarde, cuando los bombardeos ya han empezado.

# EL ATAQUE

Los japoneses reúnen recursos considerables para destruir la flota estadounidense: 2 acorazados, 2 cruceros pesados, 11 cruceros ligeros, 11 destructores, 3 submarinos, 8 buques de suministro y 6 portaaviones.

Además, se planifican dos tipos de ataque para maximizar las opciones de éxito: «el ataque sorpresa» y «la sorpresa perdida». En el primer caso, la ofensiva transcurre en fases sucesivas: los aviones torpederos (bombarderos utilizados en el ataque de navíos o de submarinos) atacan primero, seguidos por los bombarderos, ya que los cazas aseguran su protección. En caso de «sorpresa perdida», todas las fuerzas japonesas pasarán al ataque en el mismo momento: entonces habrá que atacar los aeródromos, los equipamientos y los aviones torpederos. Para informar a los pilotos de la táctica que tienen que adoptar, se conviene que se lanzará una bengala para el ataque sorpresa y dos para la segunda opción. Mitsuo Fuchida opta por el ataque sorpresa; sin embargo, en el momento de lanzar la ofensiva se da cuenta de que algunos pilotos no han visto su primera señal y lanza una segunda bengala. Por consiguiente, una parte de los pilotos creen que ha optado por el segundo tipo de ataque: entonces, toda la flota japonesa ataca simultáneamente a la flota estadounidense.

# La primera oleada

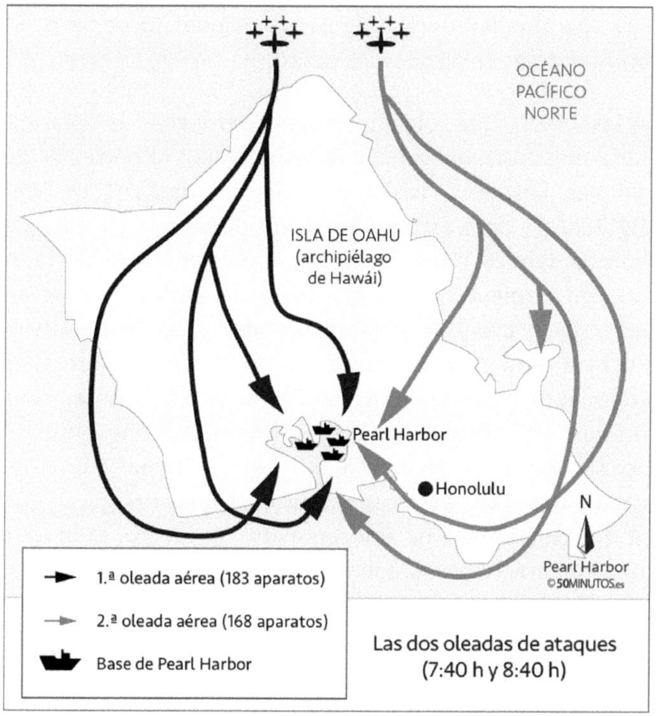



A las 3:42 h, los japoneses envían un primer submarino de reconocimiento a Pearl Harbor. El dragaminas estadounidense USS Condor lo descubre y advierte pocos minutos después al cazatorpedero estadounidense USS Ward. Este último comienza a buscarlo, pero no logra localizarlo. A las 6:37 h, el USS Ward descubre la presencia de otro submarino japonés y lo destruye.

Media hora antes alza el vuelo la primera oleada de ataque, conducida por el capitán Mitsuo Fuchida y compuesta por 183 aparatos (49 bombarderos, 40 aviones torpederos, 51 bombarderos en picado y 43 cazas).

A las 7:02 h, dos soldados americanos vigilan la estación radar del norte de Oahu, cuando detectan la presencia de aviones. Entonces, avisan al teniente Kermit Arthur Tyler (1913-2010), pero este está convencido de que se trata de bombarderos B-17 que esperan, y decide ignorar la alerta. A las 7:58 h, mientras los soldados americanos no se esperan un ataque, caen las primeras bombas japonesas. Mitsuo Fuchida está convencido de que el ataque sorpresa es todo un éxito, por lo que cinco minutos después de haber ordenado el ataque, comunica a los portaaviones: «Tora... Tora... Tora», es decir, «Tigre... Tigre... Tigre», que es el código acordado para comunicarle a Chuichi Nagumo que el efecto sorpresa ha sido un éxito. En efecto, el ataque tiene un efecto devastador. Los soldados estadounidenses, atrapados por sorpresa, no saben todavía quién les está atacando. Sin embargo, el militar Don Stratton (nacido en 1922), efectivo del USS Arizona, explica: «Cuando vimos el sol rojo en el fuselaje, entendimos que se trataba de los japoneses».[2] (*Segundos catastróficos* 2011).

A las 8:02 h, se inicia la respuesta americana. Sin embargo, los soldados pronto se encuentran sin municiones. Además, los aviones japoneses vuelan demasiado alto para que el armamento americano pueda alcanzarlos. A las 8:10 h, el

---

2. Cita traducida por 50Minutos.es

USS Arizona, que hoy en día se ha convertido en símbolo del ataque, sufre las embestidas de diez bombarderos japoneses. El buque contiene 450 toneladas de municiones, que contribuyen a que se produzcan explosiones en cadena. Así, los japoneses logran aniquilar al barco y, con él, a la mayoría de los hombres que se encontraban a bordo.



Casi la mitad de las pérdidas humanas estadounidenses que se produjeron el 7 de diciembre de 1941 tuvieron lugar en la explosión del USS Arizona. Solamente 333 marinos sobrevivieron a la explosión del acorazado. Todavía hoy, el carburante contenido en los depósitos de los restos del barco se escapa de forma ininterrumpida, algo que, para muchos supervivientes, simboliza las lágrimas de los marinos muertos durante la tragedia.

Al mismo tiempo, en el sur de Pearl Harbor, la base militar estadounidense de Hickham sufre el ataque de bombarderos japoneses. A las 8:30 h, la primera oleada de ataques se detiene. Los estadounidenses aprovechan entonces la tregua para hacer despegar algunos aviones de combate y para prepararse para un segundo ataque.

## La segunda oleada

Una hora después, despega la segunda oleada de aviones, dirigida por el teniente-comandante Shigekazu Shimazaki

(1908-1945). Está formada por 54 bombarderos de gran altitud, 78 bombarderos y 36 cazas: un total de 168 aparatos emprenden esta vez el camino hacia Pearl Harbor, en un ataque que se terminará a las 9:45 h.

Los aviones japoneses preparados para despegar para atacar la base naval estadounidense.

Cuando el ataque comienza en Pearl Harbor, los hombres a bordo de los navíos todavía duermen. El comandante Logan Ramsey (1921-2000) no dará la alerta hasta las 7:58 h, en el momento del inicio de los bombardeos. Mientras los soldados estadounidenses intentan responder al ataque, se envía a la aviación para investigar en el sur y el norte de Pearl Harbor. Aunque la situación resulta catastrófica, los soldados estadounidenses no abandonan y algunos, incluso, demuestran un gran heroísmo. Entre los militares que destacaron en la defensa de la flota, cabe destacar a Doris Miller (1919-1943), cocinero a bordo del USS West Virginia, que defiende su navío disparando a los aviones japoneses con una ametralladora antiaérea. Este acto de valentía hace que al final de la guerra sea condecorado con la Navy Cross (la Cruz de la Armada).

## Una victoria relativa

El balance humano del ataque de Pearl Harbor es abrumador. En el bando americano, se cuentan 2403 muertos y desaparecidos, así como 1178 heridos. Las pérdidas materiales también son catastróficas: en total, se destruyen más de 188 aviones y 63 resultan dañados. Sin embargo, después del ataque, la base de Pearl Harbor se mantiene en funcionamiento y el 80% de los navíos son reparados.

En el bando japonés, las pérdidas humanas y materiales son limitadas: 64 soldados mueren y un hombre es capturado; 29 de sus aviones son derribados y 5 submarinos hundidos.

Mientras que para los japoneses el ataque de Pearl Harbor resulta una victoria total, en realidad es una derrota. Gracias al descubrimiento de archivos militares guardados en secreto durante mucho tiempo, algunos investigadores pudieron destacar los errores estratégicos cometidos por los atacantes. El historiador Tosh Minohara, que participó en las investigaciones, identificó cuatro equivocaciones de los japoneses:

- el primer error que cometen es retirarse demasiado rápido: a las 15 h, convencido de que la flota estadounidense ha sido aniquilada, Chuichi Nagumo ordena la retirada de sus tropas y está impaciente por volver a Japón como un héroe. Así, también pretende evitar la destrucción de su flota durante un segundo ataque y limitar el número de desaparecidos;

- el segundo error es haber lanzado el ataque cuando los portaaviones estadounidenses no estaban en Pearl Harbor. No obstante, esto puede explicarse por el hecho de que los japoneses no conocen la posición real de los portaaviones estadounidenses en el momento de los preparativos. Hasta 6 horas antes del inicio del ataque no descubren que estos no están en el puerto: dos aparatos están realizando transporte de aviones y el tercero lo están reparando. Isoroku Yamamoto cree conveniente anular la ofensiva, ya que considera que los portaaviones son el principal objetivo. Sin embargo, Chuichi Nagumo afirma que el ataque a los acorazados es suficiente y toma la decisión de atacar Pearl Harbor;
- el tercer error consiste en no haber atacado los puntos que los estadounidenses no protegían, como la dársena de Radou, un astillero naval, así como los submarinos y la instalación de almacenamiento de combustible. Sin embargo, la decisión de no atacar los depósitos de combustible la había tomado Isoroku Yamamoto durante la concepción del ataque, ya que consideraba que el bombardeo de esas reservas provocaría mucho humo que reduciría la visibilidad de los aviadores japoneses;
- el cuarto error que cometen es atacar Pearl Harbor sin una verdadera declaración de guerra. Aunque el mensaje en clave se envía correctamente, se recibe demasiado tarde y no se puede descifrar ni transcribir a tiempo. Cuando los servicios de inteligencia americanos interceptan el mensaje proveniente de Tokio temen que se esté

preparando una intervención, pero se tarda demasiado en descifrarlo y transcribirlo. Cuando finalmente se da la alerta a las diferentes bases del Pacífico, ya es demasiado tarde: el ataque de Pearl Harbor ya ha empezado.

# REPERCUSIONES DEL ATAQUE

## HACIA LA MUNDIALIZACIÓN DEL CONFLICTO

El ataque de Pearl Harbor es el evento que desencadena la participación de los Estados Unidos en la Segunda Guerra Mundial, en el bando de los Aliados. El día después del ataque, el presidente de los Estados Unidos, Franklin Delano Roosevelt, declara: «Ayer, 7 de diciembre de 1941, una fecha que pervivirá en la historia como un día de infamia. [...] he pedido que el Congreso declare, desde el ataque perpetrado por Japón, [...] el estado de guerra contra Japón.»[3] (Costello 1981, 195).

El 22 de diciembre de 1941, durante la Conferencia Arcadia en Washington, Winston Leonard Spencer Churchill (hombre de Estado británico, 1874-1965) y Franklin Delano Roosevelt unen sus fuerzas contra la Alemania nazi. Después de esta decisión importante, se suceden otras:

- el 1 de enero de 1942, los Estados Unidos, Gran Bretaña, China y la Unión Soviética firman la Declaración de las Naciones Unidas, en la que los países firmantes se comprometen a participar en la guerra, a no ceder antes de la victoria y a no firmar la paz por separado para defender la libertad, los derechos humanos y la justicia;
- a partir del 6 de enero de 1942, los Estados Unidos transforman su economía para responder a las necesidades de la guerra, sobre todo con el anuncio del «Programa

---

3. Cita traducida por 50Minutos.es

para la victoria» que el presidente confía al secretario de Guerra, Henry Levis Stimson (1867-1950): con él, se pretende poner la economía americana al servicio de los Aliados, produciendo material de guerra en grandes cantidades y movilizando muchos recursos humanos.

Con la entrada en guerra de los Estados Unidos, el conflicto se convierte en mundial.

### ¿SABÍAS QUE...?

El ataque japonés a Pearl Harbor tuvo repercusiones terribles en la vida de los japoneses que residían en los Estados Unidos, así como en los ciudadanos estadounidenses de origen japonés. Más de 100 000 personas vivieron la dolorosa experiencia de los *War Relocation Centers* construidos bajo la decisión de Roosevelt en los estados de Washington, Oregón y California, para excluir a estas personas. Hasta 1988 no se reconocerán los errores cometidos: Ronald Wilson Reagan (1911-2004) lo hará y decidirá indemnizar a los supervivientes de los campos.

## LA REACCIÓN DEL EJE Y DE JAPÓN

Tras el ataque a Pearl Harbor, Adolf Hitler (1889-1945) considera que la entrada en guerra contra los Estados Unidos es inevitable. El 11 de diciembre de 1941, cuatro días después de la ofensiva japonesa, Italia y la Alemania nazi, aliadas de Japón, declaran la guerra a la superpotencia y atacan varias colonias y bases militares británicas y estadounidenses situadas en Asia y en el Pacífico.

Por su parte, Japón encuentra la reacción de los Estados Unidos exagerada, ya que considera que el ataque de Pearl Harbor era legítimo y que se trataba de la consecuencia de los múltiples ataques y amenazas estadounidenses. Este sentimiento de legitimidad perdura mucho tiempo en los japoneses: en 1991, el ministro de Asuntos Exteriores japonés recuerda que Japón había mandado un mensaje a los Estados Unidos 25 minutos antes del inicio del ataque a Pearl Harbor.

## LA POLÉMICA: ¿ES ROOSEVELT CULPABLE?

El ataque a Pearl Harbor causa varias polémicas en la opinión pública y en las autoridades del ejército y del Estado. Tras el ataque, se abren investigaciones para aclarar las responsabilidades y las negligencias de cada uno. Así, entre diciembre de 1941 y julio de 1946, se crean siete comisiones administrativas y una comisión especial. La primera investigación (1942), dirigida por Owen Roberts (miembro del Tribunal Supremo de los Estados Unidos, 1875-1955), acusa a Walter Campbell Short y a Husband Edward Kimmel de incumplimiento del deber de defensa de la base naval.

Sin embargo, estos dos hombres no son los únicos acusados de negligencia: a menudo se ha cuestionado el papel que desempeñó Franklin Delano Roosevelt durante el ataque a Pearl Harbor. Según algunos, habría sido culpable de complicidad y de duplicidad. Esta interpretación llamada «revisionista» aparece después de la guerra y la difunden principalmente los enemigos del presidente y los contrarios a la política extranjera que llevó a cabo en esa época. Entre ellos, el contraalmirante Robert Theobald (1884-1957) explica que, según él, «el presidente Roosevelt ha obligado a Japón a hacer la guerra ejerciendo contra él una presión diplomática y económica permanente, y le ha incitado a abrir las hostilidades con un ataque sorpresa manteniendo la flota del Pacífico en aguas hawaianas como señuelo»[4] (Theobald 1955, 151). El historiador americano John Toland (1912-2004), en una obra publicada en 1982, apoya también la tesis según la que la serie de errores cometidos el día del ataque de Pearl Harbor es demasiado increíble como para que no provengan de un complot.

Sin embargo, aunque todos los revisionistas están de acuerdo en afirmar que Franklin Delano Roosevelt está implicado en el ataque a Pearl Harbor, no todos son tan radicales: los historiadores Charles Callan Tansill (1890-1964) y Charles Austin Beard (1874-1948) le reprochan que condujera a su país a la guerra a causa de su política extranjera, pero rechazan el hecho de que el presidente provocara a propósito la ofensiva de los japoneses en Pearl Harbor.

Por consiguiente, parece necesario relativizar las teorías que acusan a Franklin Delano Roosevelt de cómplice con el ataque por varios motivos:

- en primer lugar, es evidente que los mensajes provenientes de Japón fueron a menudo misteriosos y difíciles de descifrar;

---

4. Cita traducida por 50Minutos.es

- a continuación, aunque el presidente disimuló voluntariamente lo que sabía de las intenciones japonesas, mucha gente habría estado vinculada con el complot: por ejemplo, sus subordinados, así como todos los que vieron el telegrama. Por consiguiente, resulta totalmente verosímil imaginar que el secreto se habría revelado;
- finalmente, a día de hoy, no existe ningún documento ni elemento que permita defender la tesis según la que el presidente Roosevelt habría deseado el ataque de la flota americana en Pearl Harbor.

Sea como fuere, el ataque a la base naval constituye uno de los acontecimientos más importantes de la historia de los Estados Unidos. 71 años después de los hechos, el ataque japonés contra la flota americana todavía despierta pasiones y es objeto de muchos estudios.

# EN RESUMEN

**1941**

*26 jul.*: embargo del petróleo y el acero y congelación de los activos japoneses en territorio americano

*6 sep.*: decisión de Japón de entrar en guerra a menos que se llegue a un acuerdo

*3 nov.*: aprobación del plan de ataque de Pearl Harbor

*7 dic.*: ataque sorpresa a Pearl Harbor

*8 dic.*: entrada en guerra de los Estados Unidos

*10 dic.*: Japón declara la guerra al Reino Unido



- Desde los años treinta, Japón y los Estados Unidos compiten para obtener el control de los territorios del Pacífico y su comercio. Las conversaciones entre las dos grandes potencias se envenenan rápidamente y, en septiembre de 1941, ante el impase en el que se encuentran, Japón decide entrar en guerra contra su adversario.
- El 7 de diciembre, Japón lanza su ofensiva contra la base aeronaval estadounidense de Pearl Harbor.
- El ataque, dirigido por Isoroku Yamamoto, transcurre en dos fases. En dos horas, la flota naval estadounidense es destruida y muchos aviones se ven afectados.
- El ataque causa un trágico balance, sobre todo para los

estadounidenses, que lamentan la muerte de más de 2000 hombres y mil heridos.

- Aunque el ataque resulta exitoso para los japoneses, su victoria no es total: los talleres de reparación y las reservas de combustible estadounidenses no se ven afectados por las bombas ni los disparos japoneses, lo que permite que se recuperen.

- Además, el ataque tiene graves consecuencias, ya que comporta la entrada en guerra oficial de los Estados Unidos: a partir de entonces, el conflicto se convierte en mundial.

- Tras el ataque, se busca determinar las responsabilidades durante la incursión. El almirante Husband Edward Kimmel y el general Walter Campbell Short, responsables de la base de Pearl Harbor durante el ataque, son rápidamente acusados de negligencia y destituidos de sus funciones.

*¡Tu opinión nos interesa!*
*¡Deja un comentario en la página web de tu librería en línea,*
*y comparte tus favoritos en las redes sociales!*

# PARA IR MÁS ALLÁ

## FUENTES BIBLIOGRÁFICAS


- *Médiathèque de la Fondation Mohammed VI de Promotion des Œuvres Sociales de l'Education- Formation*, "Attaque sur Pearl Harbor". Consultado el 14 de enero de 2014. http://www.mediatheque-fm6.ma/index2.php?option=-com_docman&task=doc_view&gid=796&Itemid=78
- Arroyo, Ernest. 2003. *Pearl Harbor*. Nueva York: MetroBooks.
- Costello, John. 1981. *La Guerre du Pacifique*. París: Gérard Watelet/Pygmalion.
- Delmas, Claude. 2001. *Pearl Harbor. La guerre devient mondiale*. París: Éditions Complexe.
- Garrity, John A. 1974. *Dictionnaire biographique américain*. Nueva York: Charles Scribners' sons.
- Hixson, Walter. 2003. *The American Experience in World War II*, vol. 4. Nueva York: Routledge.
- Hugues, A. Thomas. 2009. "Yamamato Isoroku". *Encyclopedia Britannica*. Consultado el 14 de enero de 2014. http://www.britannica.com/EBchecked/topic/651516/Yamamoto-Isoroku
- Kaspi, André. 1987. "Pearl Harbor, une provocation américaine?". *L'Histoire*, n.º 101, 36-44.
- Kaspi, André. 1997. *Franklin Roosevelt*. París: Fayard.
- Kimmel, Husband Edward. 1955. *Admiral Kimmel's Story*. Chicago: Henry Regnery Compagny.
- Lord Walter. 1957. *Pearl Harbor*. París: Robert Laffont.
- Michel, Henri. 2001. *La Seconde Guerre mondiale*. París: Omnibus.

- Mourre, Michel. "Pearl Harbor". *Dictionnaire encyclopédique d'histoire*, 3578. París: Bordas.
- "Pearl Harbor", en *Segundos catastróficos;* 2011.
- Naval History and Heritage Command, "Pearl Harbor Raid, 7 Decembre 1941". Consultado el 18 de agosto de 2014.
  http://www.history.navy.mil/index.html
- Smith, Carl. 2004. *Pearl Harbor 1941. The Day of Infamy.* Londres: Praeger.
- Theobald, Robert. 1955. *Le Secret de Pearl Harbor.* París: Payot.
- Toland, John. 1982. *Infamy: Pearl Harbor and its Aftermath.* Nueva York: Doubleday.
- Wohlstetter, Roberta. 1962. *Pearl Harbor. Warning and Decision.* California: Stanford University Press.

## FUENTES COMPLEMENTARIAS

- Abbad, Fabrice. 1992. *Histoire du Japon (1868-1945).* París: Armand Colin.
- Antier, Jean-Jacques. 1988. *Pearl Harbor.* París: Presses de la Cité.
- Asada, Sadao. 2006. *From Mahan to Pearl Harbor: The Imperial Japanese Navy and the United States.* Annapolis: Naval Institute Press.
- Bernstein, Serge y Pierre Milza. 1996. *Histoire du XX$^e$ siècle. 1900-1945. La fin du «monde européen»*, tomo 1. París: Hatier.
- Cohen, Stan. 2001. *Attack on Pearl Harbor. A Pictorical History.* Montana: Missoula.
- Ienaga, Saburo. 1978. *The Pacific War 1931-1945.* Nueva

York: Pantheon Books.

- Iriye, Akira. 1981. *Power and Culture. The Japanese-American War, 1941-1945*. Cambridge: Harvard University Press.
- Lacroix, Jean-Michel. 2006. *Histoire des États-Unis*. París: PUF.
- Lord, Walter. Y Bernard Ullmann. 2001. *Pearl Harbour. Ce jour-là (7 décembre 1941)*. París: Robert Laffont.
- "Remembering Pearl Harbor". *National Geographic Education*. http://education.nationalgeographic.com/education/multimedia/interactive/pearl-harbor/?ar_a=1
- Trogoff, Jean. 1993. *Les grandes dates de la guerre sur mer (1939-1945)*. Rennes: Éditions Ouest-France.
- Turtledove, Harry. 2005. *Days of Infamy*. Nueva York: New American Library.
- Vallaud, Pierre. 2002. *Témoins de l'histoire. La Seconde Guerre mondiale. Plus de 500 documents inédits*. París: Éditions Acropole.
- Victor, George. 2006. *The Pearl Harbor Myth: Rethinking the Unthinkable*. Washington: Potomac Books.
- Vidalenc, Jean. 1970. *Le second conflit mondial (mai 1939-mai 1945)*. París: SEDES.
- Willmott, H. P. 2001. *La Guerre du Pacifique, 1941-1945*. París: Autrement.

## FUENTES ICONOGRÁFICAS

- Fotografía tomada durante la firma del Tratado de Versalles. La imagen reproducida está libre de derechos.
- Retrato del general Walter C. Short. La imagen reprodu-

cida está libre de derechos.
- Fotografía del almirante Yamamoto tomada en 1940. La imagen reproducida está libre de derechos.
- Vista aérea de la base de Pearl Harbor poco antes del ataque japonés. La imagen reproducida está libre de derechos.
- El ataque se prepara durante mucho tiempo con la ayuda de una maqueta. © US Navy National Museum of Naval Aviation.
- Los aviones japoneses preparados para despegar para atacar la base naval estadounidense. © Henry Sakaida.

## PELÍCULAS

- *De aquí a la eternidad*. Dirigida por Fred Zinnemann, con Burt Lancaster, Mothomery Clift y Deborah Kerr. Estados Unidos: Columbia Pictures, 1953.
- *Tora! Tora! Tora!* Dirigida por Richard Fleischer, con Martin Balsam, Sô Yamamura y Jason Robards. Estados Unidos y Japón: 20th Century Fox, 1970.
- *1941*. Dirigida por Steven Spielberg, con Dan Aykroyd, Ned Beatty y John Belushi. Estados Unidos: Columbia Pictures y Universal Studios, 1979.
- *El final de la cuenta atrás*. Dirigida por Don Taylor, con Kirk Douglas, Martin Sheen y Katharine Ross. Estados Unidos: United Artists, 1980.
- *Pearl Harbor*. Dirigida por Michael Bay, con Ben Affleck, Josh Hartnett y Kate Beckinsale. Estados Unidos: Touchstone Pictures y Jerry Bruckheimer Films, 2001.

## MUSEO Y EDIFICIO CONMEMORATIVO

- El Pacific Aviation Museum Pearl Harbor, en Honolulu, Oahu.
- El SS Arizona Memorial, en Pearl Harbor, Hawái.